AF613685

DISCOVRS ADMIRABLE

de

L'ART DE TERRE

AV LECTEVR, ſalut.

En petit corps giſt ſouuent grand puiſſance,
Ce qu'entendras, Lecteur, liſant ce liure,
Qui de nouueau eſt mis en euidence,
Pour d'aucuns ſots, l'erreur ne faire viure :
Car il demonſtre à l'œil, ce qu'il faut ſuiure,
Ou reietter, en ſes dits admirables :
En recitant maints propos veritables,
Tend à ce but, qu'art imitant nature,
Peut accomplir, que maints eſtiment fables,
Gens ſans raiſon, & d'inique cenſure.

DISCOURS ADMIRABLE
de
L'ART DE TERRE

de ſon vtilité, des Eſmaux & du Feu, par M. Bernard Paliſſy, inuenteur des ruſtiques figulines du Roy, & de la Royne ſa mère.

GENEVE
Imprimerie de Jules-Guillaume Fick
1863

AVANT-PROPOS.

* *
*

LA vie de Bernard Paliſſy, grâce à des travaux récents, eſt aujourd'hui aſſez connue pour qu'il ſoit inutile d'y inſiſter davantage; chacun ſait que le fameux potier, né dans un pauvre village du Périgord, voyageur en diverſes contrées, puis ſimple ouvrier en terre, ſe livra à la recherche de ſon art avec toute l'ardeur du génie, & malgré les privations & entraves de la pauvreté la plus cruelle, parvint au but de ſes efforts. Reconnu comme un des grands artiſtes de ſon ſiècle, choyé par la reine-mère, qui le nomma ſon inventeur en ruſtiques figulines, même, dit-on, momentanément gouverneur des Tuileries, il n'échappa qu'avec peine à la Saint-Barthélemy & fut mis quelques années plus tard, pour cauſe de religion, à la

Bastille, où le prisonnier reçut la visite du roi Henri III, qui ne put le délivrer. Palissy mourut sous les verroux après une détention de plus de quatre années, à l'âge de quatre-vingts ans passés.

Ce qu'on ignore davantage, c'est que Palissy fut aussi un grand écrivain. En 1563 *il publioit un ouvrage intitulé:* Recepte véritable, par laquelle tous les hommes de la France pourront apprendre à multiplier & à augmenter leurs thrésors, *où il s'occupe de l'agriculture, de la science des engrais, de l'art de décorer les jardins, puis de l'alchimie si en vogue à cette époque. Plus tard il donna ses* Discours admirables de la nature des eaux & fontaines tant naturelles qu'artificielles; des métaux, des sels & salines, des pierres, des terres, du feu & des émaux, avec plusieurs autres excellents secrets des choses naturelles, *sujets mieux en rapport avec les travaux qui avoient occupé la carrière de Palissy.*

Le premier ouvrage de Palissy, sa Recepte véritable, par laquelle tous les hommes de France pourront apprendre à multiplier & à augmenter leurs thré- ſors, *fut imprimé en 1563 à la Rochelle; en 1580, il publia à Paris ſes* Diſcours admirables de la nature des eaux & fon- taines, *& ſes* Traités de la marne & de l'art de terre. *Ces différents ouvrages, réu- nis en œuvres complètes, ont été réimprimés à Paris en 1636 chez le libraire Robert Fouet, plus tard en 1777 par Mrs Faujas de Saint- Fond & Gobet, enfin en 1844 chez Dubo- chet par M. Paul-Antoine Cap, avec des notes ſavantes.*

Les premières éditions de Paliſſy, paſſées depuis longtemps à l'état de raretés biblio- graphiques, atteignent des prix fort élevés; nous croyons les réimpreſſions poſtérieures complétement épuiſées.

Des œuvres de Paliſſy nous ne reprodui- ſons ici que ſon Traité de l'art de terre, *celui de tous ſes écrits où ſon éloquence na- turelle atteint peut-être la plus grande hau- teur, & où ſon ſtyle, ce ſtyle dont il s'excuſe lui-même comme étant un langage ruſtique & mal plaiſant: « Ie ne ſuis ne grec, ne hébrieu, ne poëte, ne rhétoricien, ains un simple artisan bien pauvrement instruit aux lettres,* » *développe le mieux ses qualités admirables.*

En outre, Palissy fait dans le Traité de l'art de terre *l'histoire de ses efforts continuels, de ses tribulations, de ses tentatives incessantes avant que d'arriver, & représente bien l'ouvrier homme de génie au seizième siècle, comme le représentent Kessler, le simple sellier devenu réformateur de St-Gall, & Thomas Platter, le petit chévrier valaisan devenu cordier & l'un des grands imprimeurs de Bâle. Nous avons trouvé qu'à ce titre seul Bernard Palissy auroit mérité d'entrer dans la collection imprimée par M. J.-G. Fick, & que sa grande & noble figure est de tous points digne de prendre une place à côté de celles de ses deux illustres contemporains.*

GUSTAVE REVILLIOD.

DE L'ART DE TERRE

* *
*

Theorique.

TV m'as promis cydeuant de m'apprendre l'art de terre : & lors que tu me fis vn ſi long diſcours des diuerſitez des terres argileuſes, ie fus fort reſiouy penſant que tu me vouluſſes monſtrer le total dudit art ; mais ie fus tout esbahy qu'au lieu de pourſuyure tu me remis à vne autre fois : afin de me faire oublier l'affection que i'ay audit art.

Practique.

Cuides tu qu'vn homme de bon iugement vueille ainſi donner les ſecrets d'vn art, qui aura beaucoup couſté à celuy qui l'aura inuenté ? Quant à moy ie ne ſuis deliberé de ce faire que ie ne ſçache bien ſouz quel titre.

Theorique.

Il n'y a doncques en toy nulle charité. Si tu veux ainſi tenir ton ſecret caché, tu le porteras en la foſſe, & nul ne s'en reſſentira, ainſi ta fin ſera maudite : car il eſt eſcrit qu'vn chacun ſelon qu'il a reçeu des dons de Dieu qu'il en diſtribue aux autres : par ainſi ie puis conclure que ſi tu ne me monſtres ce que tu ſçais de l'art ſuſdit, que tu abuſes des dons de Dieu.

Practique.

Il n'eſt pas de mon art, ny des ſecrets d'iceluy comme de pluſieurs autres. Ie ſçay bien qu'vn bon remede contre vne peſte, ou autre maladie pernicieuſe, ne doit eſtre celé. Les ſecrets de l'agriculture ne doiuent eſtre celez. Les hazards & dangers des nauigations ne doiuent eſtre celez. La parole de Dieu ne doit eſtre celée. Les ſciences qui ſeruent communement à toute la republique ne doyuent eſtre celées. Mais de mon art de terre & de plusieurs autres arts il n'en est pas ainsi. Il y a plusieurs gentilles inuentions lesquelles sont contaminées & mesprisées pour estre trop communes aux hommes. Aussi plusieurs choses sont exaltées aux maisons des Princes & seigneurs, que si elles estoyent communes l'on en feroit moins d'estime que de vieux chauderons. Ie te prie, considere vn peu les verres, lesquels pour auoir esté trop communs entre les hommes sont deuenuz à vn prix si vil que la plus part de ceux qui les font viuent plus mechaniquement que ne font les crocheteurs de Paris. L'estat est noble, & les hommes qui y besongnent sont nobles: mais plusieurs sont gentilshommes pour exercer ledit art, qui voudroyent estre roturiers & auoir dequoy payer les subsides des Princes. N'est-ce pas vn malheur aduenu aux verriers des pays de Perigord, Limosin, Xaintonge, Angoulmois, Gascongne, Bearn & Bigorre? ausquels pays les verres sont mechanizez en telle sorte qu'ils sont venduz & criez par les villages, par ceux mefmes qui crient les vieux drapeaux & la vieille ferraille, tellement que ceux qui les font & ceux qui les vendent trauaillent beaucoup à viure. Confidere auffi vn peu les boutons d'efmail (qui eft vne inuention tant gentille), lefquels au commencement fe vendoient trois francs la douzaine. Or d'autant que ceux qui les inuenterent ne tindrent leur inuention fecrette, vn peu de temps apres, la conuoitife du gain, ou l'indigence des perfonnes fuft caufe qu'il en fut fait fi grande quantité qu'ils furent contrains les donner pour vn fol la douzaine, tellement qu'ils font venus à tel mefpris qu'auiourd'huy les hommes ont honte d'en porter, & difent que ce n'eft que pour les beliftres, parce qu'ils font à trop bon marché. As tu pas veu auffi les efmailleurs de Limoges, lefquels par faute d'auoir tenu leur inuention fecrete, leur art eft deuenu fi vil qu'il leur eft difficile de gaigner leur vie au prix qu'ils donnent leurs œuures. Ie m'affeure auoir veu donner pour trois ſols la douzaine des figures d'enſeignes que l'on portoit aux bonnets, leſquelles enſeignes eſtoyent ſi bien labourées & leurs eſmaux ſi bien parfondus ſur le cuiure, qu'il n'y auoit nulle peinture ſi plaiſante. Et n'eſt pas cela ſeulement aduenu vne fois, mais plus de cent mil, & non ſeulement eſdites enſeignes, mais auſſi aux eſguieres, ſalieres, & toutes autres eſpeces de vaiſſeaux, & autres hiſtoires, leſquelles ils ſe ſont aduiſez de faire : choſe fort à regretter. As tu pas veu auſſi combien les Imprimeurs ont endommagé les peintres & pourtrayeurs ſçauans? i'ay ſouuenance d'auoir veu les hiſtoires de noſtre Dame imprimées de gros traits, apres l'inuention d'vn Alemand nommé Albert, leſquelles hiſtoires vindrent vne fois à tel meſpris, à cauſe de l'abondance qui en fut faite, qu'on donnoit pour deux liars chacune deſdites hiſtoires, combien que la pourtraiture fut d'vne belle inuention. Vois tu pas auſſi combien la moulerie a fait de dommage à pluſieurs ſculpteurs ſçauans, à cauſe qu'apres que quelqu'vn d'iceux aura demeuré long temps à faire quelque figure de prince & de princeſſe, ou quelque autre figure excellente, que ſi elle vient à tomber entre les mains de quelque mouleur, il en fera ſi grande quantité que le nom de l'inuenteur ny ſon œuure ne ſera plus connue, & donnera on à vil prix leſdites figures à cauſe de la diligence que la moulerie a amenée, au grand regret de celuy qui aura taillé la premiere piece. I'ay veu vn tel meſpris en la ſculpture, à cauſe de ladite moulerie, que tout le pays de la Gaſcongne & autres lieux circonuoiſins eſtoyent tous pleins de figures moulées, de terre cuite, leſquelles on portoit vendre par les foyres & marchez, & les donnoit on pour deux liards chaſcune, dont aduint que du temps que l'on commençoit à porter des ceintures & autres habits à la buſque, il y eut vn homme lequel fut empriſonné & eut le fouët, à cauſe qu'il alloit par toute la ville de Tolouze, auec vne balle pleine de crucifix, criant: Crucifix, crucifix à la busque. Tu peux aisement connoistre par ces exemples & par vn millier d'autres semblables, qu'il vaut mieux qu'vn homme ou vn petit nombre facent leur proufit de quelque art en viuant honnestement, que non pas si grand nombre d'hommes, lesquels s'endommageront si fort les vns les autres, qu'ils n'auront pas moyen de viure, sinon en profanant les arts, laissant les choses à demy faites, comme l'on voit communement de tous les arts, desquels le nombre est trop grand. Toutesfois si ie pensois que tu gardasses le secret de mon art aussi precieux comme il le requiert, ie ne ferois difficulté de te l'enseigner.

Theorique.

S'il te plaist de me l'apprendre, ie te promets de le tenir aussi secret qu'homme à qui tu le pourrois enseigner.

Practique.

Ie voudrois faire beaucoup pour toy,

& te voudrois auancer d'auſſi bon cœur que mon propre enfant : mais ie crains qu'en te monſtrant l'art de terre, ce ſoit plutoſt te reculer que t'auancer. La raiſon eſt parce que tu as beſoing de deux choſes, ſans leſquelles il eſt impoſſible de rien faire de l'art de terre. La premiere eſt qu'il faut que tu ſois veuillant, agile, portatif & laborieux. Secondement il te faut auoir du bien, pour ſouſtenir les pertes qui ſuruiennent en exerçant ledit art. Or d'autant que tu as indigence de ces choſes ie te conſeille de chercher quelque autre moyen de viure, qui ſoit plus aiſé & moins hazardeux.

Theorique.

Ie cuide que ce qui te fait dire ces choſes n'eſt pas pour pitié que tu ayes de moy : mais c'eſt qu'il te fache de tenir ta promeſſe & de me reueler les ſecrets dudit art. Qu'ainſi ne ſoit, ie ſçay que quand premierement tu te mis à chercher ledit art, tu n'auois pas beaucoup de biens, pour ſupporter les pertes &

fautes que tu dis qui peuuẽt furuenir au labeur dudit art.

Practique.

Tu dis vray, ie n'auois pas beaucoup de biens : mais i'auois des moyens que tu n'as pas. Car i'auois la pourtraiture. L'on penfoit en noftre pays que ie fuffe plus fçauant en l'art de peinture que ie n'eftois, qui caufoit que i'eftois fouuent appellé pour faire des figures pour les procés. Or quand i'eftois en telles commiffions i'eftois tresbien payé, auffi ay-ie entretenu long temps la vitrerie, jufques à ce que i'aye efté affeuré pouuoir viure de l'art de terre : auffi en cherchant ledit art i'ay apprins à faire l'alchimie auec les dents, ce qu'il te facheroit beaucoup de faire. Voila comment i'ay efchappé le temps que i'ay employé à chercher ledit art.

Theorique.

Ie fçay que tu as enduré beaucoup de pauuretez & d'ennuis en le cherchant:

mais il ne ſera pas ainſi de moy : car ce qui t'a fait endurer, ce a eſté à cauſe que tu eſtois chargé de femme & d'enfans. Or d'autant que au parauant tu n'en auois nulle connoiſſance, & qu'il te falloit deuiner, par ce auſſi que tu ne pouuois laiſſer ton meſnage pour aller apprendre ledit art en quelque boutique, auſſi que tu n'auois moyen d'entretenir aucuns ſeruiteurs qui te peuſſent faire quelque choſe pour t'amener au chemin de l'art ſuſdit. Tous ces defauts t'ont cauſé les ennuis & miſeres ſuſdites. Mais il ne ſera pas ainſi de moy : parce que ſuyuant ta promeſſe tu me donneras par eſcrit tous les moyens d'obuier aux pertes & hazards du feu : auſſi les matieres dont tu fais les eſmaux & la doſe, meſures & compoſition d'iceux. Ainſi faiſant, pourquoy ne feray-ie de belles choſes ſans eſtre en danger de rien perdre, attendu que tes pertes me ſeruiront d'exemple pour me garder & guider en exerçant ledit art?

Practique.

Quand i'aurois employé mille rames de papier pour t'efcrire tous les accidens qui me font furuenuz en cherchant ledit art, tu te dois affeurer que, quelque bon efprit que tu ayes, il t'auiendra encores vn millier de fautes, lefquelles ne fe peuuent apprendre par lettres, & quand tu les aurois mefme par efcrit, tu n'en croiras rien iufques à ce que la practique t'en aye donné vn millier d'afflictions. Toutesfois afin que tu n'ayes occafion de m'appeller menteur, ie te mettray icy par ordre tous les fecrets que i'ay trouué en l'art de terre, enfemble les compofitions & diuers effects des efmaux; auffi te diray les diuerfitez des terres argileufes, qui fera vn point lequel il te faudra bien noter. Or afin de mieux te faire entendre ces chofes, ie te feray vn difcours pris dés le commencement que ie me mis en deuoir de chercher ledit art, & par là tu oras les calamitez que i'ay endurées auparauant que de paruenir à mon deſſein. Ie cuide que quand tu auras bien entendu le tout, il te prendra bien peu d'enuie de te ietter audit art, & m'aſſeure que d'autant que tu es à preſent deſireux de t'en approcher, d'autant taſcheras tu à t'en eſloigner : parce que tu verras que l'on ne peut pourſuyure, ny mettre en execution aucune choſe, pour la rendre en beauté & perfection, que ce ne ſoit auec grand & extreme labeur, lequel n'eſt iamais ſeul, ains eſt touſiours accompagné d'vn millier d'angoiſſes.

Theorique.

Ie ſuis homme naturel comme toy, & puiſque les choſes t'ont eſté poſſibles ſans auoir eu aucun enſeigneur, il me ſera beaucoup plus aiſé quand i'auray obtenu de toy vn entier diſcours de toute la maniere de faire, & les moyens par leſquels tu y es paruenu.

Practique.

Suyuant ta requeſte, ſçaches qu'il y a

vingt & cinq ans paſſez qu'il ne me fut monſtré vne coupe de terre, tournée & eſmaillée d'vne telle beauté, que deslors i'entray en diſpute auec ma propre penſée, en me rememorant pluſieurs propos, qu'aucuns m'auoient tenus en ſe mocquant de moy, lors que ie peindois les images. Or voyant que l'on commençoit à les delaiſſer au pays de mon habitation, auſſi que la vitrerie n'auoit pas grande requeſte, ie vay penſer que ſi i'auois trouué l'inuention de faire des eſmaux, ie pourrois faire des vaiſſeaux de terre & autre choſe de belle ordonnance, parce que Dieu m'auoit donné d'entendre quelque choſe de la pourtraiture; & deslors, ſans auoir eſgard que ie n'auois nulle connoiſſance des terres argileuſes, ie me mis à chercher les eſmaux, comme vn homme qui taſte en tenebres. Sans auoir entendu de quelles matieres ſe faiſoyent leſdits eſmaux, ie pilois en ces iours là de toutes les matieres que ie pouuois penſer qui pourroyent faire quelque choſe, & les ayant pilées & broyées, i'achetois vne quantité de pots de terre, & apres les auoir mis en pieces, ie mettois des matieres que i'auois broyées deſſus icelles, & les ayant marquées, ie mettois en eſcrit à part les drogues que i'auois mis ſus chacunes d'icelles, pour memoire; puis ayant faict vn fourneau à ma fantaſie, ie mettois cuire leſdites pieces pour voir ſi mes drogues pourroyent faire quelques couleurs de blanc : car ie ne cherchois autre eſmail que le blanc : parce que i'auois ouy dire que le blanc eſtoit le fondement de tous les autres eſmaux. Or parce que ie n'auois iamais veu cuire terre, ny ne ſçauois à quel degré de feu ledit eſmail ſe deuoit fondre, il m'eſtoit impoſſible de pouuoir rien faire par ce moyen, ores que mes drogues euſſent eſté bonnes, parce qu'aucune fois la choſe auoit trop chaufé & autrefois trop peu, & quand leſdites matieres eſtoyent trop peu cuites ou bruſlées, ie ne pouuois rien iuger de la cauſe pourquoy ie ne faiſois rien de bon, mais en donnois le blasme aux matieres, combien que quelque fois la chose se fust peut-estre troué bonne, ou pour le moins i'eusse troué quelque indice pour paruenir à mon intention, si i'eusse peu faire le feu selon que les matieres le requeroyent: mais encores en ce faisant ie commettois vne faute plus lourde que la susdite: car en mettant les pieces de mes espreuues dedans le fourneau, ie les arrangeois sans consideration; de sorte que les matieres eussent esté les meilleures du monde & le feu le mieux à propos, il estoit impossible de rien faire de bon. Or m'estant ainsi abuzé plusieurs fois, auec grand frais & labeurs, i'estois tous les iours à piler & broyer nouuelles matieres & construire nouueaux fourneaux, auec grande despence d'argent & consommation de bois & de temps.

Quand i'eus bastelé plusieurs années ainsi imprudemment, auec tristesse & soupirs, à cause que ie ne pouuois paruenir à rien de mon intention, & me souuenant de la despense perduë, ie m'auiſay pour obuier à ſi grande deſpence d'enuoyer les drogues que ie voulois approuuer à quelque fourneau de potier; & ayant conclud en mon eſprit telle choſe, i'achetay de rechef pluſieurs vaiſſeaux de terre, & les ayant rompus en pieces, comme de couſtume, i'en couuray trois ou quatre cent pieces d'eſmail, & les enuoyay en vne poterie diſtante d'vne lieue & demie de ma demeurance, auec requeſte enuers les potiers qu'il leur pleuſt permettre cuire leſdites eſpreuues dedans aucuns de leurs vaiſſeaux: ce qu'ils faiſoyent volontiers; mais quand ils auoyent cuit leur fournée & qu'ils venoyent à tirer mes eſpreuues, ie n'en receuois que honte & perte, parce qu'il ne ſe trouuoit rien de bon, à cauſe que le feu deſdits potiers n'eſtoit aſſez chaut, auſſi que mes eſpreuues n'eſtoyent enfournées au deuoir requis & ſelon la ſcience; & parce que ie n'auois connoiſſance de la cauſe pourquoy mes eſpreuues ne s'eſtoyent bien trouuées, ie mettois (comme i'ay dit cy deſſus) le blasme sus les maticres : de rechef ie faisois nombre de compositions nouuelles, & les envoyay aux mesmes potiers, pour en vser comme dessus : ainsi fis-ie par plusieurs fois, tousiours auec grands frais, perte de temps, confusion & tristesse.

Quand ie vis que ie ne pouuois par ce moyen rien faire de mon intention, ie pris relasche quelque temps, m'occupant à mon art de peinture & de vitrerie, & me mis comme en non chaloir de plus chercher les secrets des esmaux; quelques iours apres suruindrent certains commissaires, deputez par le Roy, pour eriger la gabelle au pays de Xaintonge, lesquels m'appellerent pour figurer les isles & pays circonuoisins de tous les marez salans dudit pays. Or apres que ladite commission fut paracheuée & que ie me trouuay muny d'vn peu d'argent ie reprins encores l'affection de poursuyure à la suitte desdits esmaux, & voyant que ie n'auois peu rien faire dans mes fourneaux ny à ceux des potiers ſuſdits, ie rompi enuiron trois douzaines de pots de terre tous neufs, & ayant broyé grande quantité de diuerſes matieres, ie couuray tous les lopins deſdits pots deſdites drogues couchées auec le pinceau : mais il te faut entendre que de deux ou trois cents pieces, il n'y en auoit que trois de chaſcune compoſition : ayant ce fait, ie prins toutes ces pieces & les portay à vne verrerie, afin de voir ſi mes matieres & compoſitions ſe pourroyent trouuer bonnes aux fours deſdites verreries. Or d'autant que leurs fourneaux ſont plus chauds que ceux des potiers, ayant mis toutes mes eſpreuues dans leſdits fourneaux, le lendemain que ie les fis tirer, i'apperceus partie de mes compoſitions qui auoyent commencé à fondre, qui fut cauſe que ie fus encores d'auantage encouragé de chercher l'eſmail blanc, pour lequel i'auois tant trauaillé.

Touchant des autres couleurs ie ne m'en mettois aucunement en peine ; ce peu d'apparence que ie trouuay lors, me ſit trauailler pour chercher ledit blanc deux ans outre le temps ſuſdit, durant leſquels deux ans ie ne faiſois qu'aller & venir aux verreries prochaines, tendant aux fins de paruenir à mon intention. Dieu voulut qu'ainſi que ie commençois à perdre courage, & que pour le dernier coup ie m'eſtois tranſporté à vne verrerie, ayant auec moy vn homme chargé de plus de trois cents ſortes d'eſpreuues, il ſe trouua vne deſdites eſpreuues qui fut fondue dedans quatre heures apres auoir eſté miſe au fourneau, laquelle eſpreuue ſe trouua blanche & polie de ſorte qu'elle me cauſa vne ioye telle que ie penſois eſtre deuenu nouuelle creature. Et penſois deslors auoir vne perfection entiere de l'eſmail blanc : mais ie fus fort eſloingné de ma penſée : ceſte eſpreuue eſtoit fort heureuſe d'vne part, mais bien mal-heureuſe de l'autre, heureuſe en ce q[illegible] me donna entrée à ce que ie ſuis [illegible], & mal-heureuſe en ce qu'elle [illegible] miſe en doze ou meſure requiſe : [illegible] ſi grand beſte en ces iours là, que ſoudain que i'eus fait ledit blanc qui eſtoit ſingulierement beau, ie me mis à faire des vaiſſeaux de terre, combien que iamais ie n'euſſe conneu terre, & ayant employé l'eſpace de ſept ou huit mois à faire leſdits vaiſſeaux, ie me prins à eriger vn fourneau ſemblable à ceux des verriers, lequel ie baſtis auec vn labeur indicible : car il falloit que ie maçonnaſſe tout ſeul, que ie deſtrempaſſe mon mortier, que ie tiraſſe l'eau pour la deſtrempe d'iceluy, auſſi me falloit moy meſme aller querir la brique ſur mon dos, à cauſe que ie n'auois nul moyen d'entretenir vn ſeul homme pour m'ayder en ceſt affaire. Ie fis cuire mes vaiſſeaux en premiere cuiſſon : mais quand ce fut à la ſeconde cuiſſon, ie receus des triſteſſes & labeurs tels que nul homme ne voudroit croire. Car en lieu de me repoſer de mes labeurs paſſez, il me fallut trauailler l'eſpace de plus d'vn mois, nuit & iour, pour broyer les matieres deſquelles i'auois fait ce beau blanc au fourneau des verriers ; & quand i'eus broyé lesdites matieres i'en couuray les vaisseaux que i'auois faits : ce fait, ie mis le feu dans mon fourneau par deux gueules, ainsi que i'auois veu faire ausdits verriers, ie mis aussi mes vaisseaux dans ledit fourneau pour cuider faire fondre les esmaux que i'auois mis dessus : mais c'estoit vne chose mal-heureuse pour moy : car combien que ie fusse six iours & six nuits deuant ledit fourneau sans cesser de brusler bois par les deux gueules, il ne fut possible de pouuoir faire fondre ledit esmail, & estois comme vn homme desesperé ; & combien que ie fusse tout estourdi du trauail, ie me vay aduiser que dans mon esmail il y auoit trop peu de la matiere qui deuoit faire fondre les autres, ce que voyant, ie me prins à piler & broyer ladite matiere, sans toutesfois laisser refroidir mon fourneau : par ainsi i'auois double peine, piler, broyer & chaufer ledit fourneau. Quand i'eus ainsi composé mon esmail, ie fus contraint d'aller encores acheter des pots, afin d'esprouuer ledit esmail :

d'autant que i'auois perdu tous les vaisseaux que i'auois faits : & ayant couuert lesdites pieces dudit esmail, ie les mis dans le fourneau, continuant tousiours le feu en sa grandeur : mais sur cela il me suruint vn autre malheur, lequel me donna grande fascherie, qui est que le bois m'ayant failli, ie fus contraint brusler les estapes qui soustenoyent les tailles de mon iardin, lesquelles estant bruslées, ie fus contraint brusler les tables & plancher de la maison, afin de faire fondre la seconde composition. I'estois en vne telle angoisse que ie ne sçaurois dire : car i'estois tout tari & deseché à cause du labeur & de la chaleur du fourneau ; il y auoit plus d'vn mois que ma chemise n'auoit seiché sur moy, encores pour me consoler on se moquoit de moy, & mesme ceux qui me deuoient secourir alloient crier par la ville que ie faisois brusler le plancher : & par tel moyen l'on me faisoit perdre mon credit, & m'estimoit-on estre fol.

Les autres disoient que ie cherchois à

faire la fauſſe monnoye, qui eſtoit vn mal qui me faiſoit ſeicher ſur les pieds ; & m'en allois par les ruës tout baiſſé, comme vn homme honteux : i'eſtois endetté en pluſieurs lieux, & auois ordinairement deux enfans aux nourrices, ne pouuant payer leurs ſalaires ; perſonne ne me ſecouroit : mais au contraire ils ſe mocquoyent de moy, en diſant : il luy appartient bien de mourir de faim, parce qu'il delaiſſe ſon meſtier. Toutes ces nouuelles venoyent à mes aureilles quand ie paſſois par la ruë ; toutesfois il me reſta encores quelque eſperance, qui m'accourageoit & ſouſtenoit, d'autant que les dernieres eſpreuues s'eſtoyent aſſez bien portées, & deslors en penſois ſçauoir aſſez pour pouuoir gaigner ma vie, combien que i'en fuſſe fort eſloingné (comme tu entendras ci apres), & ne dois trouuer mauuais ſi i'en fais vn peu long diſcours, afin de te rendre plus attentif à ce qui te pourra ſeruir.

Quand ie me fus repoſé vn peu de temps auec regrets de ce que nul n'auoit pitié de moy, ie dis à mon ame, qu'eſt-ce qui te triſte, puis que tu as trouué ce que tu cherchois? trauaille à preſent & tu rendras honteux tes detracteurs : mais mon eſprit diſoit d'autre part, tu n'as rien de quoy pourſuyure ton affaire; comment pourras-tu nourrir ta famille & acheter les choſes requiſes pour paſſer le temps de quatre ou cinq mois qu'il faut au parauant que tu puiſſes iouir de ton labeur? Or ainſi que i'eſtois en telle triſteſſe & debat d'eſprit, l'eſperance me donna vn peu de courage, & ayant conſideré que ie ſerois beaucoup long pour faire vne fournée toute de ma main, pour abreger & gagner le temps & pour plus ſoudain faire apparoir le ſecret que i'auois trouué dudit eſmail blanc, ie prins vn potier commun & luy donnay certains pourtraits, afin qu'il me fiſt des vaiſſeaux ſelon mon ordonnance, & tandis qu'il faiſoit ces choſes ie m'occupois à quelques medailles : mais c'eſtoit vne choſe pitoyable : car i'eſtois contraint nourrir ledit potier en vne tauerne à credit: parce que ie n'auois nul moyen en ma maison. Quand nous eusmes trauaillé l'espace de six mois, & qu'il falloit cuire la besogne faite, il fallut faire vn fourneau & donner congé au potier, auquel par faute d'argent ie fus contraint donner de mes vestemens pour son salaire. Or parce que ie n'auois point d'estoffes pour eriger mon fourneau, ie me prins à deffaire celuy que i'auois fait à la mode des verriers, afin de me seruir des estoffes de la despoüille d'iceluy. Or parce que ledit four auoit si fort chaufé l'espace de six iours & nuits, le mortier & la brique dudit four s'estoient liquifiés & vitrifiés de telle sorte, qu'en desmaçonnant i'eus les doigts coupez & incisez en tant d'endroits que ie fus contraint manger mon potage ayant les doigts enuelopez de drapeau. Quand i'eus deffait ledit fourneau, il fallut eriger l'autre qui ne fut pas sans grand peine: d'autant qu'il me falloit aller querir l'eau, le mortier & la pierre, sans aucun ayde & sans aucun repos. Ce fait, ie fis cuire l'œuure susdite en premiere cuisson, & puis par emprunt ou autrement ie trouuay moyen d'auoir des estoffes pour faire des esmaux, pour couurir ladite besogne, s'estant bien portée en premiere cuisson : mais quand i'eus acheté lesdites estoffes il me suruint vn labeur qui me cuida faire rendre l'esprit. Car apres que par plusieurs iours ie me fus lassé à piler & calciner mes matieres, il me les conuint broyer sans aucune aide, à vn moulin à bras, auquel il falloit ordinairement deux puissans hommes pour le virer : le desir que i'auois de paruenir à mon entreprinse me faisoit faire des choses que i'eusse estimé impossibles. Quand lesdites couleurs furent broyées, ie couuris tous mes vaisseaux & medailles dudit esmail, puis ayant le tout mis & arrangé dedans le fourneau, ie commençay à faire du feu, pensant retirer de ma fournée trois ou quatre cents liures, & continuay ledit feu iusques à ce que i'eus quelque indice & esperance que mes esmaux fussent fondus & que ma fournée ſe portoit bien. Le lendemain quand ie vins à tirer mon œuure, ayant premierement oſté le feu, mes triſteſſes & douleurs furent augmentées ſi abondamment que ie perdis toute contenance. Car combien que mes eſmaux fuſſent bons & ma beſongne bonne, neantmoins deux accidens eſtoyent ſuruenus à ladite fournée, leſquels auoient tout gaſté: & afin que tu t'en donnes de garde, ie te diray quels y ſont: auſſi apres ceux là ie t'en diray vn nombre d'autres, afin que mon malheur te ſerue de bon-heur, & que ma perte te ſerue de gain. C'eſt parce que le mortier dequoy i'auois maſſonné mon four eſtoit plain de cailloux, leſquels ſentant la vehemence du feu (lors que mes eſmaux ſe commençoient à liquifier) ſe creuerent en pluſieurs pieces, faiſans pluſieurs pets & tonnerres dans ledit four. Or ainſi que les eſclats deſdits cailloux ſautoient contre ma beſongne, l'eſmail qui eſtoit deſia liquifié & rendu en matiere glueuſe, print leſdits cailloux, & ſe les attacha par toutes les parties de mes vaiſſeaux & medailles, qui ſans cela ſe fuſſent trouuez beaux. Ainſi connoiſſant que mon fourneau eſtoit aſſez chaut, ie le laiſſay refroidir iuſques au lendemain; lors ie fus ſi marri que ie ne te ſçaurois dire, & non ſans cauſe : car ma fournée me coutoit plus de ſix vingts eſcus. I'auois emprunté le bois & les eſtoffes, & ſi auois emprunté partie de ma nourriture en faiſant laditte beſongne. I'auois tenu en eſperance mes crediteurs qu'ils ſeroyent payez de l'argent qui prouiendroit des pieces de ladite fournée, qui fut cauſe que pluſieurs accoururent dès le matin quand ie commençois à deſenfourner. Dont par ce moyen furent redoublées mes triſteſſes; d'autant qu'en tirant ladite beſongne ie ne receuois que honte & confuſion. Car toutes mes pieces eſtoyent ſemées de petits morceaux de cailloux, qui eſtoyent ſi bien attachez autour deſdits vaiſſeaux, & liez auec l'eſmail, que quand on paſſoit les mains par deſſus, leſdits cailloux coupoyent comme rasoirs ; & combien que la besongne fust par ce moyen perdue, toutesfois aucuns en vouloient acheter à vil prix : mais parce que ce eut esté vn descriement & rabaissement de mon honneur, ie mis en pieces entierement le total de ladite fournée & me couchay de melancholie, non sans cause, car ie n'auois plus de moyen de subuenir à ma famille ; ie n'auois en ma maison que reproches : en lieu de me consoler l'on me donnoit des maledictions ; mes voisins qui auoyent entendu cest affaire disoyent que ie n'estois qu'vn fol, & que i'eusse eu plus de huit francs de la besongne que i'auois rompuë, & estoyent toutes ces nouuelles iointes auec mes douleurs.

Quand i'eus demeuré quelque temps au lit, & que i'eus consideré en moy mesme qu'vn homme qui seroit tombé en vn fossé, son deuoir seroit de tascher à se releuer, en cas pareil ie me mis à faire quelques peintures, & par plusieurs moyens ie prins peine de recouurer vn peu d'argent; puis ie difois en moy mefme que toutes mes pertes & hazards eftoyent paffez, & qu'il n'y auoit rien plus qui me peuft empefcher que ie ne fiffe de bonnes pieces: & me prins (comme au parauant) à trauailler audit art. Mais en cuifant vne autre fournée il furuint vn accident duquel ie ne me doutois pas: car la vehemence de la flambe du feu auoit porté quantité de cendres contre mes pieces, de forte que par tous les endroits où ladite cendre auoit touché, mes vaiffeaux eftoyent rudes & mal polis, à caufe que l'efmail eftant liquifié s'eftoit ioint auec lefdites cendres: nonobftant toutes ces pertes ie demeuray en efperance de me remonter par le moyen dudit art: car ie fis faire grand nombre de lanternes de terre à certains potiers pour enfermer mes vaiffeaux quand ie les mettois au four: afin que par le moyen defdites lanternes mes vaiffeaux fuffent garentis de la cendre. L'inuention fe trouua bonne, & m'a ferui iufques au iourd'huy: mais ayant obuié au hazard de la cendre, il me suruint d'autres fautes & accidens tels, que quand i'auois fait vne fournée, elle se trouuoit trop cuitte, & aucunefois trop peu, & tout perdu par ce moyen. I'estois si nouueau que ie ne pouuois discerner du trop ou du peu; aucunefois ma besongne estoit cuitte sur le deuant & point cuitte à la partie de derriere: l'autre apres que ie voulois obuier à tel accident, ie faisois brusler le derriere & le deuant n'estoit point cuit: aucunefois il estoit cuit à dextre & bruslé à senestre: aucunefois mes esmaux estoyent mis trop clairs, & autrefois trop espais: qui me causoit de grandes pertes: aucunefois que i'auois dedans le four diuerses couleurs d'esmaux, les vns estoyent bruslez premier que les autres fussent fondus. Bref i'ay ainsi bastelé l'espace de quinze ou seize ans; quand i'auois appris à me donner garde d'vn danger, il m'en suruenoit vn autre, lequel ie n'eusse iamais pensé. Durant ces temps là ie fis plusieurs fourneaux lesquels m'engendroient de grandes pertes au parauant que i'euffe connoiffance du moyen pour les efchauffer egalement; enfin ie trouuay moyen de faire quelques vaiffeaux de diuers efmaux entremeflez en maniere de iafpe : cela m'a nourri quelques ans: mais en me nourriffant de ces chofes ie cherchois toufiours à paffer plus outre auecques frais & mifes, comme tu fçais que ie fais encores à prefent. Quand i'eus inuenté le moyen de faire des pieces ruftiques, ie fus en plus grande peine & en plus d'ennuy qu'au parauant. Car ayant fait vn certain nombre de baffins ruftiques & les ayant fait cuire, mes efmaux fe trouuoyent les vns beaux & bien fonduz, autres mal fonduz, autres eftoyent bruflez, à caufe qu'ils eftoyent compofez de diuerfes matieres qui eftoyent fufibles à diuers degrez; le verd des lezards eftoit bruflé premier que la couleur des ferpens fut fonduë, auffi la couleur des ferpens, efcreuices, tortues & cancres, eftoit fondue au parauant que le blanc eut reçeu aucune beauté. Toutes ces fautes m'ont caufé vn tel labeur &

triſteſſe d'eſprit, qu'au parauant que i'aye eu rendu mes eſmaux fuſibles à vn meſme degré de feu, i'ay cuidé entrer iuſques à la porte du ſepulchre : auſſi en me trauaillant à tels affaires ie me ſuis trouué l'eſpace de plus de dix ans ſi fort eſcoulé en ma perſonne, qu'il n'y auoit aucune forme ny apparence de boſſe aux bras ny aux iambes : ains eſtoyent meſdites iambes toutes d'vne venue : de ſorte que les liens de quoy i'attachois mes bas de chauſſes eſtoyent, ſoudain que ie cheminois, ſur les talons auec le reſidu de mes chauſſes. Ie m'allois ſouuent pourmener dans la prairie de Xaintes, en conſiderant mes miſeres & ennuys : ſur toutes choſes de ce qu'en ma maiſon meſme ie ne pouuois auoir nulle patience, ny faire rien qui fut trouué bon. I'eſtois meſpriſé, & mocqué de tous : toutesfois ie faiſois touſiours quelques vaiſſeaux de couleurs diuerſes, qui me nourriſſoient tellement quellement : mais en ce faiſant, la diuerſité des terres deſquelles ie cuidois m'auancer, me porta plus de dommage en peu de temps que tous les accidents du parauant. Car ayant fait plusieurs vaisseaux de diuerses terres, les vnes estoyent bruslées deuant que les autres fussent cuittes : aucunes receuoyent l'esmail & se trouuoyent fort aptes pour cest affaire : les autres me deceuoyent en toutes mes entreprinses. Or parce que mes esmaux ne venoyent bien en vne mesme chose, i'estois deceu par plusieurs fois : dont ie receuois tousiours ennuis & tristesse. Toutesfois l'esperance que i'auois, me faisoit proceder en mon affaire si virilement que plusieurs fois pour entretenir les personnes qui me venoyent voir ie faisois mes efforts de rire, combien que interieurement ie fusse bien triste.

Ie poursuyuiz mon affaire de telle sorte que ie receuois beaucoup d'argent d'vne partie de ma besongne, qui se trouuoit bien : mais il me suruint vne autre affliction conquatenée auec les susdites, qui est que la chaleur, la gelée, les vents, pluyes & gouttieres, me gastoyent la plus grande part de mon œuure, au parauant qu'elle fut cuitte : tellement qu'il me fallut emprunter charpenterie, lattes, tuilles & cloux, pour m'accommoder. Or bien ſouuent n'ayant point dequoy baſtir, i'eſtois contraint m'accommoder de liarres & autres verdures. Or ainſi que ma puiſſance s'augmentoit, ie defaiſois ce que i'auois fait, & le baſtiſſois vn peu mieux ; qui faiſoit qu'aucuns artiſans, comme chauſſetiers, cordonniers, ſergens & notaires, vn tas de vieilles, tous ceux cy ſans auoir eſgard que mon art ne ſe pouuoit exercer ſans grand logis, diſoyent que ie ne faiſois que faire & desfaire, & me blaſmoyent de ce qui les deuoit inciter à pitié, attendu que i'eſtois contraint d'employer les choſes neceſſaires à ma nourriture, pour eriger les commoditez requiſes à mon art. Et qui pis eſt, le motif deſdites mocqueries & perſecutions ſortoit de ceux de ma maiſon, leſquels eſtoyent ſi eſloingnez de raiſon, qu'ils vouloyent que ie fiſſe la beſongne ſans outis, choſe plus que deraiſonnable. Or d'autant plus que la chofe eftoit deraifonnable, de tant plus l'affliction m'eftoit extreme. I'ay efté plufieurs années que n'ayant rien dequoy faire couurir mes fourneaux, i'eftois toutes les nuits à la mercy des pluyes & vents, fans auoir aucun fecours, aide ny confolation, finon des chatshuants qui chantoyent d'vn cofté & les chiens qui hurloyent de l'autre; parfois il fe leuoit des vents & tempeftes qui foufloyent de telle forte le deffus & le deffouz de mes fourneaux, que i'eftois contraint quitter là tout, auec perte de mon labeur; & me fuis trouué plufieurs fois qu'ayant tout quitté, n'ayant rien de fec fur moy, à caufe des pluyes qui eftoyent tombées, ie m'en allois coucher à la minuit ou au point du iour, accouftré de telle forte comme vn homme que l'on auroit trainé par tous les bourbiers de la ville; & en m'en allant ainfi retirer, i'allois bricollant fans chandelle, & tombant d'vn cofté & d'autre, comme vn homme qui feroit yure de vin, rempli de grandes triftefles: d'autant qu'apres auoir longuement trauaillé ie voyois mon labeur perdu. Or en me retirant ainsi soüillé & trempé, ie trouuois en ma chambre vne seconde persecution pire que la premiere, qui me fait à present esmerueiller que ie ne suis consumé de tristesse.

Theorique.

Pourquoy me cherches tu vne si longue chanson? c'est plutost pour me destourner de mon intention, que non pas pour m'en approcher; tu m'as bien fait cy dessus de beaux discours touchant les fautes qui suruiennent en l'art de terre, mais cela ne me sert que d'espouuantement: car des esmaux tu ne m'en as encores rien dit.

Practique.

Les esmaux dequoy ie fais ma besongne, sont faits d'estaing, de plomb, de fer, d'acier, d'antimoine, de saphre, de cuiure, d'arene, de salicort, de cendre grauelée, de litarge, de pierre de Perigord. Voila les propres matieres desquelles ie fais mes esmaux.

Theorique.

Voire, mais ainſi que tu dis tu ne m'apprens rien. Car i'ay entendu cy deuant par tes propos que tu as beaucoup perdu au parauant que d'auoir mis les eſmaux en doze aſſeurée: parquoy tu ſçais bien que ſi tu ne me donnes la doze, ie ne ſçaurois que faire de ſçauoir les matieres.

Practique.

Les fautes que i'ay faites en mettant mes eſmaux en doze, m'ont plus apprins que non pas les choſes qui ſe ſont bien trouuées: parquoy ie ſuis d'aduis que tu trauailles pour chercher laditte doze, auſſi bien que i'ay fait, autrement tu aurois trop bon marché de la ſcience, & peut eſtre que ce ſeroit la cauſe de te la faire meſpriſer: car ie ſçay bien qu'il n'y a gens au monde qui facent bon marché des ſecrets & des arts, ſinon ceux auſquels il ne couſtent gueres: mais ceux qui les ont practiquez à grands frais & labeurs ne les donnent ainſi legerement.

Theorique.

Tu me fais trouuer les chofes merueilleufement bonnes: fi c'eftoit quelque grande fcience, de laquelle on eut grande neceffité, tu la ferois bien trouuer bonne: veu que tu eftimes fi fort vn art mechanique, duquel on fe peut paffer aifement.

Practique.

Voila vn propos par lequel ie connois à prefent que tu es indigne d'entendre rien du fecret dudit art: & puis que tu l'appelles art mechanique tu n'en fçauras plus rien par mon moyen. On fçait bien qu'audit art, il y a quelques parties mechaniques, comme de battre la terre: il y en a aucuns qui font des vaiffeaux pour le feruice ordinaire des cuifines, fans tenir aucune mefure, ils fe peuuent appeller mechaniques: mais quant au gouuernement du feu, il ne doit eftre comparé à la mefure des mechaniques. Car il faut que tu fçaches que pour bien conduire vne fournée de besongne, mesmement quand elle est esmaillée, il faut gouuerner le feu par vne philosophie si soingneuse qu'il n'y a si gentil esprit qui n'y soit bien trauaillé, & bien souuent deceu. Quant à la maniere de bien enfourner, il y est requis vne singuliere Geometrie.

Item, tu sçais qu'on fait en plusieurs lieux des vaisseaux de terre qui sont conduits par vne telle Geometrie qu'vn grand vaisseau se soustiendra sur vn petit pied, mesme la terre estant encores molle; appelles-tu cela mechanique? Sçais tu pas bien que les mesures du compas ne se peuuent appeller mechaniques pour estre trop communes, aussi parce que les ouuriers d'iceux sont paures; toutesfois les arts ausquels sont requis compas, reigles, nombres, poids & mesures, ne doyuent estre appellez mechaniques. Et puis qu'ainsi est que tu veux mettre l'art de terre au rang des méchaniques, & que tu n'estimes gueres son vtilité, ie te veux à present faire entendre combien elle eſt plus grande que ie ne te ſçaurois dire. Conſideres vn peu combien d'arts ſeroyent inutiles, voire entierement perdus, ſans l'art de terre. Il faudroit que les affineurs d'or & d'argent ceſſaſſent, car ils ne ſçauroyent rien faire ſans fourneaux, ny vaiſſeaux de terre: d'autant qu'il ne ſe peut trouuer pierre ny autres matieres qui puiſſent ſeruir à fondre les metaux, ſinon les vaiſſeaux de terre.

Item, il faudroit que les verriers ceſſaſſent: car ils n'ont aucun moyen pour fondre les matieres de leurs verres ſinon en vaiſſeaux de terre. Les orfeures, fondeurs, & toute fonderie de quelque ſorte & eſpece que ce ſoit, ſeroit aneantie & ne s'en trouuera aucune qui ſe puiſſe paſſer de terre. Regarde auſſi les forges des mareſchaux & ſerruriers, & tu verras que toutes leſdites forges ſont faites de briques: car ſi elles eſtoyent de pierres elles ſeroyent ſoudain conſommées. Regarde tous les fourneaux, tu trouueras qu'ils ſont faits de terre, meſme ceux qui trauaillent de terre font tous leurs fourneaux de terre, comme tuiliers, briquetiers & potiers : bref il ne ſe trouue pierre, ny mineral, ny autre matiere qui puiſſe ſeruir à l'edification d'vn fourneau à verres, ou à chaux, ou autres ſuſdits, qui puiſſe durer longuement. Tu vois auſſi combien les vaiſſeaux communs de terre ſont vtiles à la republique, tu vois auſſi combien l'vtilité de la terre eſt grande pour les couuertures des maiſons : tu ſçais bien qu'en beaucoup de pays ils ne ſçauent que c'eſt d'ardoiſe, & n'ont autres couuertures que de tuilles : combien cuides tu que l'vtilité de la terre ſoit grande, pour conduire les ruiſſeaux des fontaines ? on ſçait bien que les eaux qui paſſent par les tuyaux de terre ſont beaucoup meilleures & plus ſaines que celles qui ſont conduittes par canaux de plomb. Combien cuides tu qu'il y a de villes qui ſont ediſiées de briques, d'autant qu'ils n'ont pas eu moyen de recouurer de la pierre? Combien cuides tu que nos anceſtres ont eſtimé l'vtilité de l'art de terre? on ſçait bien que les Egyptiens & autres nations ont fait conſtruire pluſieurs baſtimens ſomptueux, de l'art de terre; il y a eu pluſieurs Empereurs & Rois, qui ont fait edifier de grandes Piramides de terre, afin de perpetuer leurs memoires, & aucuns d'eux ont ce fait craignants que leurs Piramides fuſſent ruinées par feu, ſi elles euſſent eſté de pierre. Or ſçachans que le feu ne peut rien contre les baſtimens de terre cuite, ils les faiſoyent edifier de briques, teſmoings les enfans d'Iſrael, leſquels ont eſté merueilleuſement opprimez en faiſant les briques deſdits baſtimens. Si ie voulois mettre par eſcrit toutes les vtilitez de l'art de terre ie n'aurois iamais fait: parquoy ie te laiſſe à penſer en toy meſme le ſurplus de ſon vtilité. Quant à ſon eſtime, ſi elle eſt auiourd'huy meſpriſee, ce n'a pas eſté de tous temps. Les hiſtoriens nous certifient que quand l'art de terre fut inuenté, les vaiſſeaux de marbre, d'alebaſtre, caſſidoine & de iaſpe, furent mis en meſpris: meſmes que pluſieurs vaiſſeaux de terre ont eſté conſacrez pour le ſeruice des temples.

EN TOVT BIEN

www.ingramcontent.com/pod-product-compliance
Ingram Content Group UK Ltd.
Pitfield, Milton Keynes, MK11 3LW, UK
UKHW021818190726
13853UKWH00003B/1042